JUNIPER Y ROSE

PRIMERO HERMANAS Y MEJORES AMIGAS POR SIEMPRE

ESCRITO POR
REEA RODNEY

ILUSTRADO POR
ALEXANDRA GOLD

Impreso en los Estados Unidos de América
ISBN-13: 978-0997505924
ISBN-10: 0997505923

Quisiera dedicar este libro a Emma y
Alexa Goldstein, las hermanas gemelas
que sirvieron de inspiración para este libro.

También doy gracias especialmente a
Susan Goldstein, su abuela, por creer en mí y por
animarme a publicar por mi cuenta Juniper y Rose:
Primero Hermanas y Mejores Amigas por Siempre.

Y a mis dos hijos maravillosos,
Denifa y Doreion, a quienes amo con locura.

Juniper y Rose son unas gemelas hermosas y juguetonas. No se parecen la una a la otra, pero son hermanas gemelas.

Juniper tiene el cabello oscuro y brillante, ojos grandes de color marrón y una sonrisa que podría iluminar el cielo. ¡Se parece mucho a su mamá!

Rose tiene el cabello rojizo y rizado, ojos de color avellana y una nariz salpicada de las pecas mas tiernas. ¡Definitivamente Rose s e parece a su papá!

♡ ♡

Juniper y Rose se quieren mucho.
Desde el día que nacieron, han estado juntas
todo el tiempo, y al parecer a ambas les
gustan las mismas cosas.

Los fines de semana disfrutan montando en
bicicleta en el parque con su mamá y su papá.
Adoran columpiarse en las barras.

También les gusta deslizarse por el tobogán
y dar vueltas y vueltas en el carrusel.
¡Podrían hacerlo durante horas!

Las pequeñas tienen mucha imaginación.
Les encanta vestirse como princesas
de hadas y jugar a tener elegantes fiestas de té
con sus amigas imaginarias.

Sus colores favoritos son el rosa y el verde.
Juniper siempre quiere vestirse con el vestido
de princesa rosa, y Rose siempre quiere
usar el verde.

Les gusta cuidar de los demás.
Por eso, su mamá y su papá les llaman
las "gemelas doctoras".

Siempre que alguien se enferma,
están listas con sus equipos de primeros
auxilios para curarlos y que el día tenga
¡un final feliz!

Juniper y Rose juntas también se meten en muchos problemas. A Juniper se le conoce por ser el cerebro detrás de todo.

Un día las niñas tomaron sus lápices de colores y rayaron las paredes de su habitación. Cuando su mamá entró a la habitación, ¡no lo podía creer!

"¡Su habitación!", dijo y se cruzo de brazos en muestra de disgusto. "¿QUÉ HICIERON?"

Con una inocente sonrisa, Rose dijo, "¡Mira mami! ¡Dibujamos un hermoso arco iris solo para ti! Juniper intervino y exclamó, "¿No te gustan los colores, Mami? ¡Son como los de la canción del arco iris!

Su mamá descruzó los brazos y sonrió.
"En cuanto terminen, las dos me ayudarán
a limpiar las paredes, ¿entendieron?"

Son tan divertidas y traviesas que es muy difícil
enojarse con ellas por mucho tiempo.

Una vez, Juniper y Rose escondieron
las llaves del auto de su papá;
para que el no pudiera ir a trabajar.

Les daba mucha risa ver a su papá buscando
las llaves por todos lados.

"¿DÓNDE ESTÁN LAS LLAVES DE MI AUTO?",
preguntó. Las niñas dejaron de reír
en cuanto se les acercó.

♡ ♡

"¿Juniper?", dijo dirigiendo una mirada interrogante hacia Juniper.
"¿Rose?", preguntó mirándola.
"¿Alguna de ustedes ha visto mis llaves?"
Las niñas alzaron los hombros, sonrieron tímidamente y contestaron al mismo tiempo, "No, papi".

Cuando su papá se alejó, cada gemela se tapó la boca con la mano y comenzaron a reírse de nuevo. No pasó mucho tiempo antes de que decidieran devolverle las llaves a su papá y darle un gran abrazo.

No importa lo que hicieran, malo o bueno. Eran todas para una y una para todas - ¡primero hermanas y mejores amigas por siempre! Ese era su lema. Pero conforme Juniper y Rose comenzaron a crecer, les empezaron a gustar cosas diferentes. Ahí fue cuando comenzó todo - ¡UN DOBLE PROBLEMA!

♡ ♡

Ahora, el color favorito de Juniper era el morado, y Rose no podía entender como era que el verde o rosa ya no le gustaban.

Juniper comenzó a pintarse las uñas de color morado. También tenía un reloj morado, muchas diademas moradas e incluso, ¡usaba labial color morado!

A Rose todavía le gustaban los colores rosa y verde. Guardaba todas las cosas rosas y verdes que alguna vez compartió con Juniper. Después de todo, ¡el rosa y verde habían sido sus colores favoritos todas sus vidas!

Ahora, cada vez que jugaban a los disfraces, Juniper quería ser una bruja mala en lugar de una princesa de hada. A menudo dejaba volar su imaginación y lanzaba embrujos malignos a sus amigas imaginarias.

Algunas veces Rose se disgustaba y llamaba a su mamá para que parase, pero Juniper era muy obstinada. No cambiaba de parecer y quería seguir siendo una bruja.

Por mucho que a Rose le costaba aceptar
a la nueva Juniper, también ella estaba pasando
por algunos cambios.

Ya no le gustaba montar en bicicleta en el parque.
En lugar de eso, prefería sentarse a la sombra
de un árbol y dibujar en su libreta con sus lápices.

Las gemelas ya no formaban el equipo de siempre -
todas para una y una para todas, primero
hermanas y mejores amigas por siempre.
Comenzaron a apartarse. No podían aceptar
el hecho de que ambas estaban cambiando.

Su camaradería comenzó a desaparecer.
De pronto, las que una vez fueron hermanas felices
se convirtieron en unas niñitas muy tristes.

En una ocasión, durante la cena,
se hizo evidente para su mamá y su papá que había
algo que no estaba bien. Ninguna de las niñas
probó su comida, ni tampoco hablaron.

"¿Qué es lo que pasa?", pregunto su papá.

Rose se levantó y caminó hacia su papá.
Con voz triste y suave le contestó,
"A Juniper ya no le gustan los colores rosa y verde,
papi. Su color favorito ahora es el morado.
Cada vez que jugamos a los disfraces y hacemos
fiestas de té con nuestras amigas imaginarias,
Juniper quiere ser una bruja mala en lugar
de una princesa de hada. ¡Incluso les lanza
embrujos a nuestras invitadas!"

Después, con mucha tristeza Juniper dijo,
"A Rose ya no le gusta montar en bicicleta conmigo.
Sólo quiere sentarse a la sombra
de un árbol y dibujar en su libreta".

♡ ♡

En ese momento, su mamá y su papá se dieron cuenta de lo que pasaba. Sus bellas gemelas estaban cambiando, y les estaba costando trabajo adaptarse a ello. Supieron que este era el momento perfecto para explicar a sus hijas exactamente lo que les estaba pasando.

"¿Saben qué, hijas?", les dijo su papá, "algunas veces, la gente cambia, pero eso no quiere decir que el cariño que se tenían entre ellas se haya terminado".

"Pero es que parece que todo ha cambiado", dijo Juniper gimiendo. "¿Cómo nos podemos querer cuando todo lo que hacemos es pelear todo el día?"

"¡El cambio lo cambia TODO!", exclamó Rose, rompiendo a llorar.

"No TODO ha cambiado", les contestó su papá, sentando a cada una de sus hijas en su regazo y besándolas en la mejilla.

♡ ♡

"Aún les gusta hacer las mismas cosas,
pero de forma diferente. Ir al parque, disfrazarse,
jugar con sus amigas imaginarias, pintarse las uñas,
ponerse brillo labial, y muchas otras cosas más".

Su mamá sonrió conforme les recitaba
su lema favorito, Todas para una y una para todas -
¡primero hermanas y mejores amigas por siempre!"

Cuando su mamá terminó de recitarles su lema,
las niñas se miraron y sonrieron.

"¡Tienen razón!", le dijeron las dos.
"Mami, Papi, ¡ustedes son los mejores padres!
Le dieron un final feliz al día".

"Oye, lo dijimos al mismo tiempo",
dijo Rose riendo. "Creo que no todo ha cambiado",
contestó riendo Juniper.

Luego, las niñas pensaron mucho y por largo
rato en lo que sus papás les habían dicho.
Pronto se les ocurrió un plan al que llamaron
"¡Trabajo en Equipo!"

Desde ese día, se turnan para pintarse
las uñas del color favorito de la otra.
En el parque, se turnan para montar en bici
y dibujar en sus libretas. Cuando juegan a
disfrazarse con sus amigas imaginarias,
las dos son brujas.

Juniper es la bruja mala y Rose
es la bruja buena.

Como la bruja buena, Rose lanza
hechizos mágicos y las dos se convertían
en princesas de hadas al final.

Juniper y Rose están camino de convertirse
en ¡el mejor equipo de todos!

♡ ♡

www.ingramcontent.com/pod-product-compliance
Lightning Source LLC
LaVergne TN
LVHW072055070426
835508LV00002B/116